ÉTUDE

sur

OLIVIER PATRU

ÉTUDE

sur

OLIVIER PATRU

DISCOURS

Prononcé par M° [illegible]

*A la Séance solennelle de rentrée
du Lundi 2 Décembre 1878*

LYON

IMPRIMERIE MOUGIN-RUSAND

3, Rue Stella, 3

—

1879

CONFÉRENCE DES AVOCATS STAGIAIRES

Présidence de M⁰ GUÉRELL, Bâtonnier

Séance solennelle de rentrée du Lundi 2 Décembre 1878

ÉTUDE SUR OLIVIER PATRU

DISCOURS

PRONONCÉ PAR M⁰ PALMARINI

Monsieur le Bâtonnier,

Messieurs et chers Confrères,

L'ordre auquel nous appartenons est peut-être
la seule de nos institutions nationales qui ait su
se défendre contre les injures du temps et les ha-
sards de la fortune; qui ait su, à toutes les époques, conserver et augmenter ce patrimoine de
gloire honnête, de vertu raffinée, de probité pous-
sée jusqu'à la délicatesse, dont nous sommes fiers
à si juste titre. Nourri dans ces idées, fortifié par
ces principes, le Barreau français n'a jamais
manqué d'hommes illustres, dont la conscience
valait l'esprit. Ses sages traditions formaient les

1

caractères, et ces caractères, ainsi formés, maintenaient les traditions; de sorte qu'on pouvait justement lui appliquer ce vers d'un vieux poète romain, expliquant la grandeur de sa patrie :

Moribus antiquis res stat Romana virisque (1).

Certes, de même que l'homme le meilleur faiblit parfois, ainsi le Barreau français a pu, dans la suite des siècles, déplorer quelques faiblesses ou regretter quelques imperfections. Mais ces rares dissonances n'empêchent pas que l'harmonie du bien n'ait régné dans notre Ordre, depuis le temps où les rois de France en jetaient les fondements, jusqu'aux derniers jours de notre histoire contemporaine. Aussi, nous pouvons sans crainte parcourir les annales du Barreau français : les exemples et les leçons n'y manquent pas. Et quand votre trop grande bienveillance m'a choisi pour une tâche que tous mes efforts ne rempliront qu'imparfaitement, j'ai tout de suite pensé à vous retracer, en quelques pages, la vie de l'un de ces ancêtres du Barreau moderne, dont la suite forme notre noblesse, la plus excellente de toutes, celle du cœur et de l'intelligence. Entre ces aïeux, je n'avais que l'embarras du choix ; et, réfléchissant que, l'année dernière, en cette même occasion, un de nos confrères nous avait dépeint les avocats du moyen-âge, avec une érudition et un talent que j'envie et que je vous ferai regretter, j'ai conçu le

____

(1) Ennius.

dessein de vous montrer qu'au XVIIe siècle, après cette grande révolution qu'on appelle la Renaissance, le barreau n'avait rien perdu, ni de son éclat, ni de sa vertu. Mais pour vous présenter un tableau complet du barreau français pendant cette mémorable époque, il aurait fallu de beaucoup dépasser les bornes d'un discours. J'ai préféré prendre, parmi les rangs pressés des avocats de ce temps, un de ceux dont le nom est parvenu jusqu'à nous, porté par de vagues louanges qu'on répète souvent sans les vérifier. J'étais sûr, par avance, que le nom d'Olivier Patru était celui d'un grand avocat, d'un écrivain de talent, d'un honnête homme. L'étude de sa vie, la lecture de ses œuvres n'ont fait que fortifier cette conviction, en la précisant. Mon but serait rempli si je vous la faisais partager.

J'ai dit que le Barreau français avait su rester calme à cette époque féconde pour l'avenir, mais troublée dans le présent, qui marque la fin du moyen-âge et le commencement des temps modernes : ce ne fut pas cependant sans avoir à lutter contre les tendances funestes qui entraînaient alors les plus fermes esprits. Quelques avocats, enivrés par le goût du luxe qui germait partout, oublièrent un instant les règles les plus sévères, mais les plus nobles de notre profession. La force de nos traditions réprima bientôt ces écarts et retint les faibles dans la voie droite. Malheureusement, ne pouvant corrompre les cœurs, repoussés par des habitudes séculaires, les vices du temps

s'attaquèrent aux esprits et réussirent mieux.
Ceux-là mêmes qui avaient su rester fermes au
milieu de l'ébranlement des mœurs, succombèrent
devant le mauvais goût qui se fortifiait. La découverte des chefs-d'œuvre de l'antiquité eut tout d'a-
bord, pour notre génie national, la plus fâcheuse
influence. Cette vive lumière, qui éclairait tout à
coup nos aïeux, les aveugla. Ravis par la force et la
grandeur des littératures anciennes, ils se mépri-
rent sur la beauté et la souplesse de leur propre
langue et sur l'incontestable valeur de leurs traditions littéraires. Pendant que notre vieux français prenait des allures et se revêtait d'une termi-
nologie, qui aujourd'hui nous font sourire, la
phrase elle-même semblait ne pouvoir marcher,
l'idée se développer que sous le couvert d'une citation, où le sacré se mêlait au profane, où Aristote
coudoyait Moïse. Ce malheur fut commun à tous
les genres de littérature. Le Barreau en fut frappé.
Tandis que les siècles précédents avaient vu croître et fleurir au Palais une éloquence franche,
naïve, pleine d'esprit et de bons sens, la Renaissance donna le signal de ces plaidoiries curieuses,
à la lecture desquelles on ne sait qu'admirer le
plus, la patience des juges, l'érudition des avocats,
ou l'infortune des plaideurs. C'est le temps où
Mc Gilles Bourdin, plaidant pour un horloger,
cite Archimède, Vitruve et Cassiodore ; un autre
opposait une nullité de procédure, en argumen-
tant de Tacite. Les défauts se tiennent : Les
phrases qui contenaient pêle-mêle tous ces grands

noms, semblaient s'allonger, les mots, s'agrandir.
Le moindre procès prenait une importance déme-
surée, et le style de l'orateur, trop élevé pour la
cause, devenait ridicule. L'emphase et la déclamation naissaient ainsi de l'abus des citations, de
sorte que l'exorde de l'intimé dans *Les Plaideurs*
aurait paru à Mᵉ Anne Robert, ou à Mᵉ Gautier,
d'une simplicité un peu aride.

Tel était l'état de l'éloquence judiciaire, lorsque
se fit en France cette révolution littéraire, dont
l'anné 1636 marque l'heureux début, par la tra-
gédie du *Cid*, et le *Discours de la méthode*. Tout
le monde sait quelle influence ont exercée sur
notre langue ces deux chefs-d'œuvre. C'était l'au-
rore d'un siècle naissant, siècle de prodiges, où
l'esprit de l'antiquité s'allia à l'esprit du christianisme dans une intime union, dont le xviiiᵉ siècle
perdit bientôt le secret, et que Voltaire, malgré la
pureté un peu superficielle de son style, n'a jamais
réalisée, probablement parce qu'il ne l'a pas cher-
chée. Ce qu'on sait un peu moins, c'est que l'influence de ces premières merveilles de l'art d'écrire
parut bientôt s'effacer. Notre génie national, qui
avait un instant réussi à dominer, quoiqu'en s'en
inspirant, l'imitation trop exclusive des Grecs et
des Romains, sembla s'abîmer tout-à-coup devant
l'invasion des littératures voisines. L'esprit français s'éclipsa devant l'emphase espagnole, et les
pointes trop subtiles de la littérature italiene. En
perdant son indépendance, il allait ruiner sa force.
Un moment tout fut compromis. L'éloquence du

Barreau se ressentit de ces vicissitudes. Elle n'avait rien à demander à l'imitation castillane : L'emphase lui avait, depuis longtemps, révélé tous ses secrets. Mais il lui manquait encore ces faux brillants que l'Italie, en pleine décadence littéraire, nous prodiguait. Bientôt :

> L'avocat, au Palais, en hérissa son style.

Et je vous laisse à penser ce que devait être une plaidoirie sur une question de servitude, sous le triple poids des citations, de la déclamation et des *concetti*.

Heureusement pour notre littérature, l'homme qu'on a appelé le grand Prévôt du Parnasse, n'était pas loin. Boileau parut, et mieux encore que Malherbe :

> D'un mot mis en sa place enseigna le pouvoir.

Le xviie siècle est en partie son œuvre, et l'on sait la grandeur de l'œuvre. Mais son influence si décisive en poésie et dans la plupart des genres littéraires, ne pouvait s'étendre jusqu'au Barreau. C'était un monde à part, où il ne pouvait pénétrer sans un interprète accrédité. Il trouva cet interprète dans la personne d'Olivier Patru.

Patru naquit en 1604, à Paris; il était fils d'un procureur au Châtelet (1). On lit partout qu'il fut mollement élevé par une mère frivole: que cette mère lui ôtait des mains les livres de philosophie,

____

(1) Et non d'un Procureur au Parlement, comme l'affirment à tort la plupart de ses biographes.

et les remplaçait par les romans précieux de
l'époque, afin de les lui faire raconter dans un
cercle de voisines ébahies. Cette anecdote me paraît
peu digne de créance. La mère de Patru mourut
en 1614, son fils avait dix ans : il semble peu
vraisemblable, qu'à cet âge, il eût eu dans les
mains, soit des livres de philosophie, soit des
ouvrages romanesques. Quoi qu'il en soit, ces
œuvres d'une fiction que nous trouverions aujourd'hui bien fade et bien chaste, eurent certainement sur cet esprit, cependant si sérieux, leur
moment d'empire. L'*Astrée* surtout le charmait.
Il eut le bonheur d'en rencontrer l'écrivain dans
un voyage qu'il fit en Italie, au commencement de
sa jeunesse. Il s'en fit un ami, qu'il perdit bientôt
après. Mais le genre littéraire, que d'Urfé avait mis
à la mode, garda toujours pour lui un attrait inex-
plicable, et, dans la maturité de son talent, on
le voit composer des « *Lettres à Olinde,* » dont le
style, par ses fleurettes, nous reporte aux plus
mauvais jours des *Précieuses :*

« Si vous demandez, belle Olinde, ce que je fais
en ce désert : je lis, je joue, je me promène, je
pense à vous. Vous pourriez bien, sans être pro-
phète, deviner, de ces quatre choses, celle que je
fais le plus (2). »

Dès qu'il revint à Paris, sa fortune modique
l'obligea au travail de chaque jour. C'est alors

(2) Lettre deuxième à Olinde.

qu'il embrassa la profession d'avocat. Ses débuts furent brillants, ses succès rapides. Après quelques années de Barreau, il comptait parmi les premiers. Nous verrons à quelles causes il dut ce triomphe et cette réputation. A cette époque, il était fort bien en cour; il avait écrit, pour l'*Histoire du Nouveau-Monde*, de Laet, une épître dédicatoire au cardinal de Richelieu. On y lisait, entre autres hyperboles flatteuses, » que les Indiens du Nouveau-Monde, opprimés par les Espagnols, attendaient, pour les délivrer, la main puissante du Grand Cardinal. » Cette faveur ne dura pas longtemps. Richelieu mourut. La Fronde arriva : Patru, par caractère plus que par conviction, fut frondeur. Il goûtait fort le commerce des gens d'esprit, et il faut bien reconnaître que les gens d'esprit étaient rares dans le parti de Mazarin. D'ailleurs, le naturel indépendant de notre avocat devait aimer le piquant d'une révolte à l'eau de rose. Je doute, cependant, que ce grand révolutionnaire, qu'on appelait le Coadjuteur, eût beaucoup de confiance dans les talents d'émeutier de maître Patru. Mais il avait plus d'estime pour sa plume. Or, il advint qu'un pamphlet faisait rage parmi les Parisiens. Il avait pour titre : « *Lettre d'un marguiller à son curé sur la conduite de M. le Coadjuteur.* » Sarrazin en était le père, et le Coadjuteur y était criblé d'épigrammes. On chercha un pieux écrivain pour soutenir cette querelle. Le choix tomba sur Patru, et la « *Réponse du curé à son marguiller* » vengea Paul de Gondi (1651).

Cette brochure n'était pas faite pour mettre
Patru bien en Cour. Mais il avait l'âme trop fière
pour racheter un instant d'oubli par des années
de flatterie. Aussi, il vécut loin de la Cour, pendant le règne de Louis XIV, et se consacra en-
tièrement aux devoirs et aux charges de sa profession. Chacune de ses plaidoiries marquait un
nouveau succès et ajoutait à sa réputation. En
1640, il était entré dans cette illustre Compagnie,
au sein de laquelle tous les talents venaient prendre place, pour veiller sur les destinées de la langue française et réprimer les écarts du goût public. La réception des Académiciens se bornait
alors à un échange de politesses. Patru, suivant
en ce point quelques exemples, écrivit son remer-
ciement, qui remplit à peine trois ou quatre pages
de ses œuvres. Il plut tellement à l'Académie
qu'elle décida de l'imposer désormais aux futurs
récipiendaires. Je me hâte d'ajouter qu'on s'explique cette décision en admirant la délicatesse des
éloges que Patru prodiguait à ses collègues. Tout
d'abord, il prit ses nouvelles fonctions au sérieux,
et l'on raconte qu'il se retira de l'Académie un
jour qu'on avait rejeté son avis sur une importante
discussion : il s'agissait de savoir si, dans le dictionnaire qu'on élaborait, la lettre A serait quali-
fiée voyelle ou substantif masculin. Ce trait nous
prouve que Patru savait garder, en toute matière,
la fermeté de ses convictions. Du reste, il ne fit
que changer de dictionnaire, et, dédaignant l'ouvrage que l'Académie préparait, il se dévoua tout

entier au livre de même nature que Pierre Richelet
limait alors avec une patience admirable, quoique
un peu stérile.

De bonne heure, Patru se retira du Barreau. Les
lettres, pour cet esprit cultivé, l'emportaient sur le
droit. Il s'y adonna exclusivement. Mais alors, bien
plus qu'aujourd'hui, il était difficile, pour un honnête homme, d'abriter sous son toit l'honneur et
l'argent. Seuls, quelques rares esprits savaient à
la fois triompher des rigueurs de la fortune et se
préserver de la contagion des faiblesses humai-
nes. D'autres, et c'étaient la plupart, cachaient
sous une pauvreté décente une âme d'élite. Patru
fut de ce nombre. Il tenait à honneur de n'avoir
emporté du Palais que l'estime des magistrats,
l'affection de ses confrères et la reconnaissance de
ses clients. Aussi fut-il bientôt près de la misère,
et, s'il n'y toucha pas, ce fut, comme on le sait,
grâce à l'amitié généreuse de Boileau et aux livres
de sa bibliothèque. Dans ce temps, le roi avait
l'habitude de suppléer à l'indigence que les pro-
fessions libérales entraînaient avec elles. Mais le
roi n'oubliait pas un oubli d'un instant. Et, pour
qui se rappelle le caractère altier et la mémoire
impitoyable de Louis XIV, nul doute que Patru, le
frondeur d'un jour, n'ait fait tort à l'écrivain de
mérite. Cependant, au déclin de sa carrière, il ob-
tint deux bénéfices dont la revente lui produisit la
somme, relativement considérable, de quatre mille
cinq cents livres de revenu. Ces ressources ne
suffisaient pas, et quand Patru mourut, en l'année

1681, on ne retrouva dans sa succession que le reste de cinq cents écus, dont Colbert l'avait gratifié peu de jours auparavant.

C'est là tout ce que l'histoire de ce temps nous a conservé sur la vie d'Olivier Patru. Vous allez voir que cette vie, si obscure, si inconnue dans ses détails familiers, fut bien et noblement remplie, et qu'on retrouve chez notre aïeul la supériorité du cœur aussi bien que celle de l'esprit.

Je ne pense pas faire un mince éloge de notre illustre devancier, en disant, dans toute la valeur du terme que j'emploie : Ce fut un honnête homme. On a dit, et avec raison, que l'honnêteté vaut mieux que l'héroïsme. L'un n'est que l'enthousiasme et la force d'un moment ; l'autre, c'est la fermeté de tous les jours, la lutte de tous les instants contre de petites passions, qui sont plus dangereuses que les grandes, parce qu'on s'en défie moins. Aussi combien ne trouve-t-on pas, dans le cours ordinaire de la vie, de ces consciences vraiment curieuses à étudier, qui, comme un filet aux mailles trop larges, laissent pénétrer les défauts et ne se gardent que des vices. Le cœur de Patru était incapable de semblables négligences ou de pareils relâchements. Il savait que la vertu est un mot qui n'admet pas de diminutifs. Il avait puisé ces principes sévères dans les traditions de l'Ordre auquel il appartenait. On y professait déjà qu'en matière de conscience :

Il n'est pas de degré du médiocre au pire.

Que, pour un avocat, il n'y a pas de différence entre la délicatesse la plus scrupuleuse et la probité la
plus élémentaire, et que, pour lui, l'excès du dé-
sintéressement n'est pas un défaut. Patru n'oublia
jamais ces leçons ; il en fit la règle de sa conduite, et
la pratique de ces maximes, auxquelles il demeura
constamment fidèle, lui sert de titre à notre respectueux souvenir. On peut le suivre sans crainte
dans toutes ses occupations : on y retrouvera toujours le *Vir bonus* dont Cicéron nous a retracé le
portrait saisissant. Il portait cette rectitude d'esprit jusque dans le choix de ses procès. Il n'aurait
certes pas mérité qu'on lui rappelât l'ordonnance
du Parlement rendue en 1344, enjoignant aux avocats ; *Quod causarum injustarum patrocinium scien-
ter non recipient.* Aussi rapporte-t-on qu'il n'en perdit pas un seul : c'était justice, et quoiqu'il m'ait
été impossible de vérifier l'exactitude de ce fait,
il n'aurait rien qui pût nous surprendre. La plupart de ses plaidoiries étaient même une bonne action, car il se faisait volontiers le défenseur des
petits, et, dans ces causes, il savait trouver des
accents d'une éloquence véritable.

J'ai déjà parlé de cette fierté légitime qui le ren-
dait impropre au métier de flatteur, et qui causa sa
disgrâce pendant la plus grande part de sa vie.
J'ajoute qu'il supporta sa défaveur avec une simplicité admirable. Et si l'on se reporte aux récits de
l'époque, aux mémoires des contemporains, si l'on
se représente en imagination ce qu'était la faveur
royale, on est émerveillé de l'égalité d'âme que

montra Patru. C'était le temps où le roi résumait la France. Il était le centre où aboutissaient les vices et les vertus de chacun ; il était la lumière qui attirait les intelligences. Vivre loin de lui, c'était vivre en exil, et Racine mourait d'une de ses brèves et sèches paroles. Savoir mépriser ce que tant d'esprits illustres estimaient à un si haut prix, n'était pas le fait d'un cœur vulgaire. Patru poussa sa philosophie jusqu'à ce dédain.

L'homme pour lequel la faveur du roi n'avait pas d'attraits, devait montrer peu d'attachement pour les biens de ce monde. Notre aïeul n'en avait cure. Il écrivait finement au cardinal de Retz : « Quand ce ne serait que pour donner, je souhaiterais d'être riche ; mais tout ce qu'il faut faire pour le devenir me déplaît. » Il savait que pour s'estimer opulent, le sage ne doit pas ajouter à sa fortune, mais retrancher à ses désirs. Peut-être même pourrait-on lui reprocher, d'avoir poussé en cette matière le dédain jusqu'à la négligence, et d'être arrivé, par l'insouciance de chaque jour jusqu'à la misère. En tous cas, le fragment que j'ai rapporté, montre que son cœur connaissait le plaisir d'obliger et les joies de la charité. Il dit encore dans ses lettres : « Hors l'amour et l'amitié, je tiens tout le reste du monde pour des bagatelles. » L'amour dont il entendait parler, était sans contredit, celui que Mlle de Scudéry avait mis à la mode et qu'elle lui avait peut-être inspiré. Mais ses excursions dans ce charmant pays dont elle avait dressé la carte, s'arrêtaient certainement au village de Tendre sur Estime. Ses lettres à Olinde en sont une preuve; et ses contemporains sont unanimes à dire que la pureté de ses mœurs égalait la galanterie de son esprit.

Dans la région de l'amitié, il était allé plus avant. Il a connu le charme pénétrant de relations quotidiennes, de conversations aimables, de dévouements mutuels, d'obligeances délicates. Lié avec avec tous les beaux esprits de son temps, on ne dit pas que son affection pour chacun d'eux se soit jamais refroidie. Au milieu de la foule de ses connaissances, il avait su découvrir un petit trésor de véritables amis, dont les noms seuls montrent qu'il savait forcer l'estime et enchaîner les sympathies. Vaugelas, d'Ablancourt, Racine et surtout Boileau, étaient ses intimes. On sait ce qu'il dut à l'obligeance de ce dernier. L'homme qui méritait de tels procédés avait un cœur doux et généreux. Il va sans dire que ses confrères le vénéraient comme un père, et qu'au Palais, il était toujours entouré par un cortége d'admirateurs respectueux.

La bonté de son cœur n'était pas exagérée : il disait la vérité à qui la lui demandait, et à qui la méritait en sachant la supporter. A cette franchise, il gagnait que Boileau le prît pour type de ces amis

.....Prompts à vous censurer

dont il conseille le choix à l'apprenti poète.

Cependant, malgré la réputation de sévérité impitoyable que, dans son rôle de censeur littéraire,

il avait justement conquise, il connaissait les ha-
biletés de cette charité bienveillante, qui sait corri-
ger avec modération et tempérer le blâme par l'é-
loge, l'un et l'autre distribués avec justice.

L'homme qui avait tant de vertus ne pouvait être
un impie, ou, comme on disait dans son siècle, un
libertin. C'est un caractère commun à tous les
grands esprits de cette époque que cette foi spon-
tanée aux grandes vérités religieuses, où ils cher-
chaient leur consolation et leur espoir. Ceux-là
même qui se laissaient emporter par leurs passions
gardaient au fond de leur cœur un germe pieux.
Quand l'orage des sens s'était calmé, quand les
troubles de l'esprit avaient cessé, le germe fleuris-
sait et portait ses fruits. Patru, au jugement d'un
contemporain, avait vécu en philosophe : il mourut en chrétien. Un des grands génies de ce temps,
l'homme qui pour nous personnifie l'éloquence,
Bossuet, vint l'assister dans ses derniers moments.
Il trouva l'honnête homme, qui avait toujours vécu
en paix avec sa conscience, résolu de mourir en
paix avec Dieu. Et comme il lui représentait qu'il
devait peut-être, par une déclaration solennelle,
attester ses croyances en présence de l'éternité.
Patru lui répondit avec simplicité qu'il aimait
mieux se taire ; car, dans cette crise suprême, c'é-
tait un dernier effort de la vanité que de parler de
son néant. Avouons qu'à cette minute, de ces deux
hommes, le mourant était le plus pénétré de l'esprit du christianisme. Il savait garder un humble
silence dans sa conversion, et, peu sensible aux

jugements du monde, n'attendait rien que de Celui
qui juge les consciences sans appel et sans autre
contrôle que sa propre miséricorde.

Un mot de Corneille peut résumer la vie intime
de Patru : il fit son devoir et laissa faire à Dieu.
Ne vous semble-t-il pas que de cette vie si simple,
si vertueuse, si austère s'échappe, comme un rayon-
nement d'honnêteté qui vous pénètre. C'est là une
de ces influences salutaires auxquelles il ne faut
pas résister ; elles font la meilleure part de notre
force morale.

J'ai dit quels étaient les caractères et les défauts
de l'éloquence judiciaire, au moment où Patru faisait ses premières armes au Barreau. Le style
précieux y avait pénétré, et ajoutait l'affectation
du langage à la déclamation, à la manie des citations, à l'abus des traits d'esprit. Le tout réuni fait
d'une plaidoirie de ce temps un ouvrage curieux,
mais bizarre, rempli de hors d'œuvre, appuyé
d'autorités qui jurent de se trouver ensemble. Il
suffit de comparer une de ces œuvres étranges
aux plaidoyers de Patru, pour juger de l'immense
chemin que fit, en peu de temps, sous sa main ferme
et grâce à son esprit net, l'éloquence du Barreau
français. Il est certain que si on se borne à lire,
de premier abord et sans préparation, ses plaidoiries les mieux travaillées, bien des mots choque-
ront notre oreille, bien des figures nous paraî-
trout outrées, bien des tournures affectées. On
trouvera étonnant que, parlant d'un malheureux
client contre qui s'étaient réunis le ressentiment

d'un prévôt et le courroux d'un chanoine, Patru
s'écrie que sa partie voyait avec effroi s'allier contre
elle et le ciel et la terre. Si vous voulez de sa main
la définition d'un cabaret, il l'appellera : *un gouf-
fre où la pudeur ne peut éviter un triste nau-
frage*. Il ne craint pour son client *ni le fiel
d'une amère raillerie, ni le poison d'une mortelle
invective*. On trouverait encore d'autres exemples
des défauts du temps, qui nous rendent difficile la
lecture de ses écrits ; mais, si on les jugeait sur
ces quelques faiblesses, on ne les jugerait pas di-
gnement. Ce n'est point par cette méthode que
doit procéder une saine critique historique et littéraire. On doit plutôt constater tous les progrès
que Patru fit faire à ce genre d'éloquence. Sa
phrase n'a plus ces longueurs exagérées, où s'en-
tassaient en désordre les plus étranges ornements.
Tout en gardant l'ampleur qui distingue le style
de ce siècle, elle prend ces allures nettes et précises
qui, sans nuire au développement de l'idée, la rendent aussi claire que frappante. De sorte que la
période ne résulte pas tant de la dimension des
phrases que du mouvement de la pensée. Les citations ont notablement diminué : celles qui de-
meurent sont justes et presque toujours appro-
priées au sujet. Si nous nous étonnons de le voir
invoquer parfois, dans un procès purement civil,
le secours de l'Écriture-Sainte ou des Pères, c'est
qu'à cette époque le droit canonique et le droit
civil étaient assez intimement liés, pour que les
arguments de l'un servissent à l'autre. Ses *exem-*

ples, comme on dirait dans un traité de rhétori-
que, sont choisis avec plus de discernement. On
n'est plus au temps où Pierre de Lizet, plaidant
pour le connétable de Bourbon, prenait à témoin
Artaxercès, roi des Perses, en son traité des Ges-
tes. A peine quelques traces de déclamation peuvent se remarquer dans les plaidoyers de notre
avocat. Les pointes ont complétement disparu, et
à la place de ces faux jeux d'esprit, dont la littérature italienne nous avait donné le goût, on trouve
cette bonne gaîté gauloise, cette finesse toute nationale, qui sait mieux qu'aucune autre aiguiser
ses traits malicieux. Quelques adverbes sentent
encore *furieusement* l'hôtel de Rambouillet. Ce
défaut est surtout sensible dans les œuvres littéraires de Patru : ses plaidoiries n'en ont que peu
souffert.

On voit par ce rapide résumé tout ce que Patru
a fait gagner à l'éloquence du palais. Ces progrès
se comprennent encore mieux si on lui compare
quelques-uns de ces confrères. Deux surtout lui
disputaient le premier rang : Gauthier et Lemaître. Gauthier, qui pour Boileau, était une furie en
robe, avait de la chaleur, du mouvement, en un
mot toutes les qualités que les anciens désignaient
sous le nom d'action. Son discours était plein de
hardiesses imprévues, et son langage avait toute
la saveur d'une naïveté un peu crue. Les défauts
du style précieux lui étaient inconnus. Au Palais,
sa science juridique était fort appréciée. Au milieu
de l'engouement général de ses confrères pour les

lieux communs dont ils surchargeaient leurs plaidoiries, il savait trouver la note juste et se résignait parfois à ne plaider que son procès. On raconte qu'un jour, il avait un adversaire grandiloque, qui plaidait contre lui pour un illustre seigneur de ce temps. Cet adversaire, au lieu de soutenir la requête civile dont il était chargé, s'était attardé longuement sur la noblesse séculaire de son client. Le tour de Gauthier arriva : laissant de côté l'exorde fleuri qu'il avait préparé, il s'écria de sa voix de tonnerre : « Messieurs, de la noblesse, des ancêtres, des richesses, de la bravoure, des combats, des victoires, des palmes et des lauriers, sont-ce là des moyens de requête civile? » Un rire général accueillit ces paroles, et la cause de l'adversaire fut perdue d'avance. Mais Gauthier outrait ces qualités et les changeait en défauts. Sa vivacité allait jusqu'à la fureur et sa rudesse descendait jusqu'à la grossièreté. En outre, il n'avait pas échappé à cette emphase préméditée qui dépare les œuvres de ses contemporains.

Lemaître fut aussi un grand avocat. Son début, qu'il fit à 21 ans, le classa parmi les premiers. Il plaidait avec la même force et le même entrainement que Gauthier; mais en lui, ces qualités, mieux pondérées, devenaient maîtresses. Sa parole ardente et convaincue ravissait ses auditeurs. On sait qu'à un talent de premier ordre, il joignait un grand cœur. Au Barreau il ne fit que passer. Après sept années d'exercice, il se retira à Port-Royal, auprès du grand Arnaud, son oncle. L'âme tendre, passionnée, triste et religieuse de Lemaître était bien faite pour embrasser le sort et partager la vie de ces illustres solitaires, qui venaient épurer leur talent au souffle d'une piété sincère, et qui ne travaillaient plus que pour Dieu. Il termina du reste sa carrière oratoire par un coup de génie. Depuis quelque temps, le grand projet qu'il méditait, absorbait sa pensée. A l'audience, il paraissait, distrait et préoccupé, suivre mal les paroles de son contradicteur. Dans son dernier procès, son adversaire voulut abuser de cet avantage apparent. Lemaître se réveilla comme d'un long sommeil, et par une de ces inspirations soudaines qui exaltent parfois les hommes de génie, son éloquence atteignit une hauteur qu'elle n'avait jamais connue jusqu'alors. Ce fut le chant du cygne. Lemaître était désormais mort pour le monde.

Quoique bien supérieur à Gauthier, Lemaître me paraît inférieur à Patru. Plus que lui, il céda à cette affectation d'érudition dont j'ai parlé. Et ses œuvres où étincellent des beautés de premier ordre, fourmillent par contre de traits de mauvais goût. Génie incomplet, en quelques endroits, il s'élève peut-être au-dessus de Patru ; mais dans l'ensemble de son œuvre, il ne le vaut pas. C'est que Patru avait de plus que lui, le trésor d'une amitié sincère et éclairée. A la vérité son extérieur était désagréable, et il n'avait pas l'éloquence du corps. Sa voix était défectueuse et s'entendait mal, quoique suivant la parole un peu crue d'un

d'un contemporain (1), on se crevât à l'écouter.
Son débit était embarrassé, sa diction lourde. Il
avait donc à vaincre de grands obstacles ; il les
surmonta pourtant par tout un ensemble de
qualités de premier ordre, qui font oublier ses défauts. Jamais peut-être le Palais n'avait entendu
une discussion aussi simple, aussi logique, aussi
concluante. Jamais on ne s'était contenté d'un
exorde aussi modeste ; son exposition était parfai-
tement claire, sa méthode naturelle. Les redites
étaient soigneusement évitées. Il ne gardait des
lieux communs que ceux dont le développement
était un argument pour sa cause. Il ne faisait pas
étalage d'arrêts et d'autorités : il savait qu'il pouvait laisser marcher seule son éloquence ; aussi
ses contemporains l'accusaient de ne pas connaître
le droit, prenant sa discrétion pour de l'igno-
rance. Dans ses péroraisons, tout en relevant un
peu le ton, il avait l'art difficile de résumer
en quelques mots tous les arguments de son
procès, se rapprochant ainsi des préceptes anti-
ques. Il est tel de ces plaidoyers dont la lecture
ferait plus que se faire supporter par un lecteur
moderne : je suis convaincu qu'elle l'étonnerait et
le charmerait à la fois. Je doute que Gresset lui-
même eût dépeint avec plus de finesse et d'humour
une révolte dans un couvent de religieuses, que
notre auteur dans son plaidoyer pour Mme de

(1) Vigneul-Marville

Guénégaud. Dans une affaire, où la principale
question du procès touchait au célèbre débat sur
les libertés de notre Eglise nationale, il sut à mer-
veille faire la part des droits des souverains pon-
tifes, et revendiquer pour notre Eglise les franchi-
ses « de cette ancienne, de cette canonique liberté,
que Jésus-Christ acheta au prix de son sang. »
Dans la même cause, il exhorte le Grand-Conseil,
devant lequel il plaidait, à suivre l'exemple de Saint-
Louis et à faire « la différence entre les inspirations du Ciel, et les intérêts de la Daterie (1). »

Il sait dire avec esprit que « les femmes parta-
gent la communauté, mais qu'elles n'y apportent
que le bonheur de leur sexe et la faveur de nos
coutumes (2). » S'il parle pour un vénérable reli-
gieux qu'on a injustement frappé et emprisonné,
il atteint presque la hauteur et la noble indignation
de Cicéron, rappelant que Verres a fait frapper
de verges un citoyen Romain (3). Il faut lire, avec
quelle élévation de termes, il rappelle ses devoirs
à la duchesse douairière de Rohan (4), qui, au
moyen d'une supposition d'enfant, voulait faire
entrer un étranger dans l'illustre famille dont elle
portait le nom.

Mais c'est surtout dans les appels comme d'abus
que son éloquence se sentait maîtresse d'elle-

---

(1) Plaidoyer pour un gradué.
(2) Plaidoyer pour le Procureur du Roi de Château-Gontier.
(3) Plaidoyer pour les Religieuses de Nevers.
(4) Plaidoyer pour M. le duc de Sully.

même. Il avait étudié tout spécialement le Droit canonique dans ses rapports avec le Droit civil, On raconte que Colbert l'avait prié de composer un traité des libertés gallicanes, que le traité lui fut remis, et qu'il ne jugea pas à propos de le publier. Quoi qu'il en soit, dans ces sortes de discussion, il se sentait sur son terrain et donnait un libre cours à sa pensée.

On doit donc considérer Patru comme bien supérieur à ses confrères, et son influence sur l'éloquence judiciaire paraît incontestable. Voltaire qui a donné tant d'éloges à Pellisson, a été injuste envers Patru, en ne tenant pas compte suffisamment des difficultés que ce dernier avait rencontrées et vaincues. Quand un homme de talent fraie la voie, il devient facile d'y marcher, peut être même avec plus d'aisance et de succès qu'on ne l'aurait fait au début. Mais la justice demande qu'on apprécie moins les résultats obtenus que l'effort employé. Il est du reste impossible de bien juger l'éloquence de Patru, si l'on n'étudie en même temps le rôle qu'il a joué dans l'histoire littéraire. C'est la tâche que je dois maintenant remplir.

Patru était entré assez jeune dans la carrière des lettres et du Barreau, pour assister à la formation de la langue française qui marqua le commencement du XVIIe siècle. Il avait connu et sans doute subi l'influence de l'hôtel de Rambouillet, cette admirable réunion composée de gens d'esprit, de talent et de génie, que Fléchier lui-même appellera « une cour choisie, nombreuse, sans confusion, modeste sans contrainte, savante sans orgueil, polie sans affectation. » On sait que la chambre bleue de Julie d'Angennes rendit les plus grands services à notre littérature ; elle purifia le langage et les mœurs littéraires. Elle enrichit notre dictionnaire d'expressions parfois heureuses, et, par une coïncidence providentielle, c'est seulement quand l'esprit public n'eut plus besoin de ses leçons que ce salon devint une coterie, et que les Précieuses méritèrent le nom de *ridicules;* Patru put y apprendre cet art si difficile de choisir ses mots et de les adapter par une espèce d'analyse insensible, mais toute psychologique, aux pensées qu'ils doivent revêtir et non déguiser. Plus tard, quand le génie de Richelieu eut fait de la chambre de Courart l'Académie Française, Patru y entra bientôt après sa formation, et prit une part active aux travaux de cette compagnie, où, à l'exemple de Malherbe, on tyrannisait les mots et les syllabes, et où l'on jetait les fondements d'une Grammaire nationale.

Il était ainsi tout préparé pour résister à l'invasion qui allait fondre sur la république des lettres, comme on parlait alors. L'orage, qui menaçait l'esprit français, courba pourtant les têtes les plus illustres, et l'on voyait le grand Corneille, après les quatre chefs-d'œuvre qui marquent chaque année, depuis 1636 jusqu'en 1640, au souffle du vent de Fronde, tomber jusqu'à *Théodore.* L'anarchie littéraire devint générale. Les Précieuses de la se-

conde manière tenaient, comme elles le disaient,
bureau d'esprit, et n'en permettait l'usage qu'à
elles-mêmes ou à leurs amis. Tous les genres, faux
ou douteux, étaient abordés hardiment. On peut
citer, dans cet ordre d'idées, le roman qu'on appelait alors, je ne sais trop pourquoi, historique, dans
lequel Scudery, La Calprenède et Gomberville se
sont illustrés, non grâce à leur talent, mais grâce
aux vers de Boileau. Tous les héros de la Perse,
de la Grèce et de Rome eurent l'honneur de prêter
leur nom aux habitués de l'hôtel de Rambouillet,
et se trouvèrent, sans doute, fort étonnés de discuter avec subtilité les problèmes les plus ardus de
la galanterie contemporaine. Les épopées four-
millèrent : le père Lemoyne et Desmarets crurent
de bonne foi *Homériser*. Et pour que rien ne man-
quât à ce trouble général, le genre burlesque, né
d'un travers de l'esprit, prit une importance in-
croyable. Ce fut une fronde littéraire, où les inten-
tions les plus extravagantes et les efforts les plus
démesurés finirent par un avortement général. Il
fallut le bon sens et la verve mordante de Des-
préaux, aidés de l'autorité du roi qui commençait
alors, avec la fermeté que l'on sait, son règne per-
sonnel, pour remettre en honneur le bon goût et
la sagesse littéraire. Mais la fin de cette crise
n'amena pas, comme on pourrait le croire, le
calme dans les esprits : une grande activité conti-
nua à régner dans le monde des lettres. De tous
côtés se formèrent des réunions d'amis, où l'on
s'occupait avec entrain des choses de l'esprit. La

querelle des anciens et des modernes, qui allait
bientôt renaître, devait trouver ainsi un terrain
tout préparé, qui lui permît de croître et de prendre l'importance que l'on connaît.

Au milieu de cette activité générale, Patru avait
eu le bonheur de se faire du grand satirique français un ami solide. Ces deux caractères également
ment honnêtes, qui portaient dans leurs jugements littéraires la droiture, le scrupule et la
sévérité de leurs consciences, étaient bien faits
pour se comprendre. Tous deux pensaient que
rien n'est plus funeste, non-seulement à l'esprit,
mais au cœur, qu'une altération dans le goût
public ; qu'il y a une alliance intime entre la notion du beau et la pratique du bien. Un écrivain
contemporain a pu dire, dans cet ordre d'idées,
qu'une poétique orthodoxe est un chapitre de
morale. Patru n'avait peut-être pas la notion
bien exacte et bien raisonnée de ces vérités, mais
il en avait le sentiment. Seul des avocats de son
temps, il avait su résister au mauvais goût général ; il comprenait qu'une réforme était néces-
saire : les forces de son esprit ne lui permettaient
pas d'en être le promoteur ; mais la nature de son
talent laissait deviner qu'il serait le partisan le
plus ardent de la réforme et l'allié le plus utile du
réformateur. Aussi, quand parut ce jeune homme
qui, dès sa première satire, se promettait d'appeler
Rolet un fripon, et dont tout le désir était de

Faire siffler Colin chez nos derniers neveux,

une sympathie instinctive entraîna Patru vers ce
novateur. La connaissance fut bientôt faite, l'alliance bientôt jurée : l'amitié survint et fut cimen-
tée par l'estime ; et si Patru offrit à son jeune ami
le secours de son nom déjà célèbre, en retour, le
satirique, bientôt vainqueur, laissa Patru prendre
et tenir avec éclat le sceptre du goût pendant un
certain nombre d'années.

De nos jours, cette royauté de peu de temps est
bien morte, même pour le souvenir. On s'imagine
difficilement que cet avocat, dont le nom est
connu seulement parce qu'il se rencontre dans
un vers et dans une lettre de Boileau, ait joui
d'un tel renom et d'un telle autorité auprès des
lettres de l'époque. Les œuvres plus durables, le
génie plus éminent du satirique, ont fait oublier
le rôle de son ami. C'est à la critique littéraire de
le rappeler. On peut dire qu'il fut, en son temps,
le digne successeur de Balzac. On sait que ce dernier auteur, du fond de son château de Balzac, sur
la Charente, gouvernait à la fois et la chambre
bleue de l'incomparable Arténice et l'Académie
elle-même : qu'il sût, jusqu'à sa mort, ménager et
accroître sa réputation, et qu'il passait pour l'o-
racle du bon goût, comme Voiture pour le grand-
prêtre de l'esprit. Sa mort, en 1654, laissa un vide
que Patru remplit, peut-être avec plus de jugement
et de saine raison que son prédécesseur. Où Balzac n'avait montré que l'art d'arranger les mots,
Patru professa l'art de penser et d'écrire correcte-
ment ; et, sans souffrir qu'on blessât l'oreille, dans

ses appréciations, il estimait plus la force de la pensée que les charmes de l'harmonie. Sa réputation de critique fut bientôt solidement établie. On ne craignit pas de l'appeler le Quintilien français. Il jugeait le sonnet aussi bien que le poème épique, et son jugement était sans appel. Disons qu'il savait mériter les honneurs de cette magistrature littéraire par la justesse de ses critiques et la franchise de ses réponses. Ce n'est pas que cette franchise ne touchât parfois à la rudesse, et que son ami Boileau ne la redoutât pour lui-même. *Ne sis Patru mihi*, écrivait-il à Racine. Du reste, tout en reconnaissant, en général, la sagesse des jugements rendus par son ami, il se plaisait quelquefois à les discuter, On sait qu'à cette époque on regardait comme un grand défaut de rimer en prose et de proser en vers. De nos jours, les deux genres sont tellement confondus qu'on ne retrouve ni l'un ni l'autre. Mais, au dix-septième siècle, on tenait pour incorrecte toute phrase ou l'on pouvait reconnaître un vers. Or, dans sa traduction du *Traité du Sublime*, le satirique avait écrit, en parlant de Sapho : Elle gèle, elle brûle, elle est folle, elle est sage. En écoutant ce morceau, Patru fronça les sourcils, et se mit en devoir de reprocher sèchement à son ami la négligence de son style. Impatienté, Boileau lui demanda s'il croyait être à l'abri du même reproche, et, sur sa réponse affirmative, il ouvrit incontinent le recueil des plaidoyers de Patru, où il lut en riant :

Onzième Plaidoyer pour un jeune Allemand.

Patru fut attéré devant cette découverte.

Quoi qu'il en soit, par la sévérité de sa critique, il mérita que Boileau le prît pour type dans ces vers que tout le monde connaît :

> Un sage ami, toujours rigoureux, inflexible,
> Sur vos fautes jamais ne vous laisse paisible, etc.

C'était le plus bel hommage qu'un homme de génie comme Boileau pût rendre à notre avocat. Il honorait également le caractère de celui qui en était devenu digne et de celui qui avait su l'accorder.

A l'Académie, Patru était reçu avec la même considération qu'à la ville. Il discutait avec acharnement chaque article du dictionnaire, auquel travaillait la docte compagnie, et ne laissait passer aucun mot sans examiner ses titres. L'anecdocte que j'ai citée, prouve qu'il apportait, même dans cette sorte de débats, toute l'ardeur et aussi toute la susceptibilité d'une conviction bien arrêtée. Il était lié très-intimement avec Vaugelas, qui dirigeait alors les travaux de l'illustre assemblée. Tous deux travaillaient à épurer la langue, et tous deux avaient compris que le rôle de l'Académie, en pareille matière, n'était pas de créer des mots, mais bien de leur donner leur passeport en enregistrant la décision du public, et en respectant le pouvoir de l'usage ; comme on l'a dit, leur piété pour notre langue n'allait jamais jusqu'à la superstition.

Patru rencontrait encore à l'Académie un autre

de ses intimes, Perrot d'Ablancourt, et l'aidait de ses conseils dans la traduction des œuvres de Cicéron. L'aide qu'il lui prêtait était parfois plus efficace, et l'on trouve dans le recueil des œuvres de Patru, la traduction du discours pour le poète Archias, qu'on retrouve dans l'ouvrage d'Ablancourt. Cette traduction, d'une correction élégante, est tout à fait dans le genre de celles qu'on a appelé avec esprit de *belles infidèles*. On voit que l'auteur connait son Horace, et qu'il a médité le précepte :

Nec verbum verbo curabis reddere.

D'ailleurs, le mouvement oratoire du plaidoyer est fort bien rendu, et comme le texte admirable de ce discours soutenait le traducteur, sa langue devient remarquablement pure et dégagée de tout ornement équivoque. On doit juger de même sa traduction de l'homélie de St-Jean-Chrysostôme sur la Prière. Cette œuvre atteste en outre, que Patru connaissait aussi bien le grec que le latin, quoiqu'à l'époque, cette connaissance fût assez rare, beaucoup de bons esprits bornant leurs études à la majesté du latin, comme aurait dit madame de Sévigné.

Même à l'Académie, Patru conservait son indépendance. On sait qu'il était alors à la mode, parmi les grands seigneurs, d'entrer dans cette compagnie, et il arrivait qu'en présence d'un nom ilustre, les immortels oubliaient de demander au candidat ses titres littéraires. Un jour qu'il s'agisait de remplacer Conrart, par un personnage aussi riche qu'ignorant, Patru consulté, prit à son tour la parole : « Un grec, dit-il, avait une lyre dont les sons charmaient par la douceur. Une corde se cassa ; pour la remplacer, au lieu d'une corde de boyau, il prit une corde d'or, et la lyre perdit son harmonie. » La brigue du grand seigneur fut écartée.

L'amitié de Patru pour Boileau laisse deviner le parti qu'embrassa notre avocat dans la dispute fameuse sur le mérite comparé des anciens et des modernes. Les raisonnements de Perrault, *l'anti-pindarique*, comme on l'appelait, ne purent toucher cet esprit nourri par la lecture des chefs-d'œuvre de l'antiquité. Mais il sut prendre parti avec modération, reconnaître le mérite des auteurs contemporains, et ne pas imiter ces faux savants « qui ne s'étudient qu'à enrichir leur mémoire, et qui, n'ayant d'ailleurs ni esprit, ni jugement, ni goût, ne pensent pas que la raison puisse parler une autre langue que la grecque ou la latine, et condamnent d'abord tout ouvrage en langue vulgaire, sur ce fondement seul qu'il est langue vulgaire (1). »

Toutefois, le bon sens de Patru ne put le préserver de certaines erreurs qui paraissent communes aux meilleurs esprits du temps. On sait quel culte tout le XVIIe siècle affichait pour Phèdre, le fa-

---

(1) Lettre de Boileau à Perrault.

buliste. Sa correction, sa brièveté élégante, étaient
bien faites pour séduire les grands génies de cette
époque, où l'on professait, qu'avant tout, un auteur doit bien savoir ce qu'il veut dire, et bien
dire ce qu'il sait. En sorte que la concision du
poète latin leur fermait les yeux sur sa sécheresse,
et que sa pureté faisait oublier sa froideur. Aussi
quand *le bonhomme* annonça à ses amis son inten-
tion de rivaliser avec Phèdre, ce ne fut qu'un haro
général. On lui représenta que l'entreprise était
impossible, que ce modèle était trop parfait pour
qu'il fût permis de lutter avec lui. Il paraît, d'autre
part que le style naïf et un peu archaïque de notre
fabuliste, plaisait peu aux esprits cultivés de son
temps. On se figurait alors que notre littérature
nationale commençait en 1636, et l'on parlait du
xvᵉ, du xviᵉ siècle, comme à Rome on aurait causé
du fumier d'Ennius. Le bonhomme soutenait son
dessein, avec cette tranquille fermeté qui faisait
le fond de son caractère. On alla trouver Patru,
l'arbitre du temps : il décida contre Lafontaine.
Heureusement le fabuliste s'entêta, sans quoi le
conseil de Patru aurait passé pour criminel au
jugement de la postérité. Mais cette sentence nous
explique peut-être pourquoi Boileau, dans son
Art poétique, ne souffle mot de l'apologue. Il n'aurait pas voulut donner un sentiment dont le bonhomme eût été la victime et Phèdre le héros.

Patru faillit un autre jour nous priver de ce
même *Art poétique*. Boileau qui, depuis longtemps, en méditait le plan, lui demanda conseil

sur le projet qu'il lui fit connaître. Patru l'en dis-
suada. Après Horace, que restait-il à faire ? L'Épître aux Pisons n'était-elle pas un modèle désespé-
rant ? Son ami ne risquait-il pas de perdre sa
gloire dans cette entreprise périlleuse ? Ne se mo-
querait-on pas d'un satirique

Plus enclin à blâmer que savant à bien faire ?

Boileau eut cette fois le courage et le mérite de ne
pas écouter son ami : l'évènement lui a donné
raison.

Patru, qui avait ses jours de sévérité, avait aussi
des accès d'indulgence. Un certain abbé Hedelin,
ayant composé, sous le titre de *Macarise*, un de
ces romans historiques, chefs-d'œuvre d'ennui et
de mauvais goût, Patru eut la faiblesse de se laisser séduire par cette composition indigeste, et, en
écrivant à l'auteur, il s'écrie : « Illustre abbé, heureux Hedelin, et cent fois heureux... Que la France
ne doit-elle pas à tes illustres labeurs, à tes doctes
veilles ? Que ne doit-elle point à un enfant si mer-
veilleux, qui travaille, depuis tant d'années, à sa
gloire ou à son instruction ? » Tout le reste de
l'éloge est dans ce style. Patru, ce jour-là, plaçait
bien mal ses hyperboles.

Si on examine, dans son ensemble, son œuvre
littéraire, il devient incontestable que Patru appar-
tient au siècle de Louis XIV, par sa manière
d'écrire, par la pureté, la finesse et la sobriété de
son style. Il est difficile de trouver, dans ses écrits,
une de ces métaphores incohérentes, une de ces

3

alliances forcées que ne connut pas cette glorieuse
époque, et dont les écrivains des siècles suivants
ne seront que trop coutumiers. Dans toutes ses
œuvres, même les plus médiocres, on retrouve les
traces d'un travail minutieux. On sait qu'il plaidait fort peu, pour avoir le temps de polir et de
repolir, jusqu'à la perfection, ses moindres phrases. Aussi, au dire d'un contemporain, tandis que
ses confrères Auzanet, Defita et Petitpied entas-
saient les écus, il ne gagnait pas même de quoi se
faire une bonne soupe (1). Ce travail et ce soin ont
pourtant sauvé son nom de l'oubli. Le même honneur n'était pas réservé à ses concurrents. Du
reste, cette correction portait parfois les fruits les
plus heureux, et lui dictait quelques-unes de ces
pensées frappées au bon coin, dignes de rivaliser
avec celles d'un Larochefoucault ou d'un La-
bruyère. On me permettra d'en citer quelques-
unes :

*I. Il y a une intempérance d'affliction, comme il y
a une intempérance de joie : l'une et l'autre n'est que
faiblesse.*

*II. La fierté des grands, la pompe qui les envi-
ronne, nous donne de la terreur, ou, si vous voulez,
du respect ; voyez-les de près, à peine, le plus souvent,
sont-ce des hommes.*

III. La trop grande bonté, si on peut l'appeler vertu,

____

(1) Vigneul-Marville.

est une vertu bien dangereuse. Elle donne de l'audace à l'injustice, et le mépris qui la suit toujours attire sur elle la servitude.

IV. L'espérance et la crainte gouvernent le monde, et le troublent en le trompant. »

Peut-on flétrir avec plus d'énergie les mauvais riches qu'il le fait par ces paroles :

« Ils sont toujours aux églises. Perdre vespres ou la messe de paroisse est, à leur égard, un gros péché. Mais faut-il donner un sol à ce malheureux qui meurt de faim, ils ont oublié leur bourse, ou, en tout cas, ils n'ont jamais de monnoye, et le centuple de l'Evangile est un article qui n'entre pas dans leur *Credo.* »

L'homme qui savait écrire et penser de la sorte n'était certes pas le premier venu et méritait de de prendre rang parmi les écrivains de second ordre du règne de Louis XIV. De nos jours, il serait des premiers. Mais les génies les plus rares abondaient assez, dans ce siècle, pour que le talent suffît à peine à tirer de l'oubli un nom, et rien qu'un nom.

Je veux citer encore son éloge d'Arnaud de Pomponne de Bellièvre, premier président en la Cour du Parlement. On retrouve, dans les quelques pages qui le composent, la preuve de cette déférence affectueuse dont le barreau usait envers la magistrature, et de cette estime bienveillante des magistrats pour les avocats. De sorte que, dans cette

union fondée sur les devoirs de chacun, il y avait
place pour la dignité des uns comme pour l'indépendance des autres. Ecoutons Patru :

« Ses audiences sont paisibles et sans tumulte :
la baguette des huissiers est inutile ; sa présence
toute seule tient tout le monde dans le devoir. Il
ne sait ni interrompre ni rebuter avec aigreur. Il
écoute sans inquiétude, sans chagrin, et avec une
attention qui soulage, qui anime ceux qui par-
lent. Ah! qu'il était loin de cette impatience bru-
tale qui égorge et les affaires et les parties, et qui
traîne presque toujours à sa suite ou l'erreur ou
l'injustice! »

Il faut lire aussi, dans le même opuscule, le ré-
cit des derniers moments de Pomponne. Le style de
l'auteur s'affermit, ses pensées s'élèvent : on croi-
rait entendre l'écho, à peine affaibli, de cette voix
éloquente qui s'attendrit sur Henriette de France
et pleure sur Condé ;

« Sauveur du monde, faut-il donc que cinquante
ans bornent une vie si belle et si digne de durer
toujours! Le voilà au lit de mort, résigné à tes
saintes volontés. Accourez, chrétiens, venez ici apprendre à mourir ; venez apprendre à mépriser les
richesses, les grandeurs et les doux appas de la
gloire. Ce malade que vous voyez tout près d'expi-
rer, c'est l'espérance, c'est l'amour de sa patrie et
l'ornement de son siècle. C'est ce bien heureux enfant de sagesse qui a rempli de son nom toutes

les parties de la chrétienté (2). Il meurt pourtant sans affliction d'esprit ; il quitte sans émotion toutes les choses que le monde adore ; il les regarde déjà, comme on les regarde de la dextre du Dieu vivant. Ne le cherchez plus qu'auprès de la Croix. Là sont ses désirs ; là son cœur ; là toutes ses passions. Il entend les cris, il entend les gémissements de toute une grande ville. Ces funestes témoignages de la consternation publique le touchent, sans doute, mais ils ne l'ébranlent pas. Il ne désire ni de vivre ni de mourir. Sa volonté est comme morte, et son âme, qui ne tient pas à la terre, attend en paix la fin de l'orage et les ordres de la Providence. »

C'est par cette dernière citation que je veux terminer ce modeste essai. Avant de l'entreprendre, je ne connaissais de Patru que son nom et son honnêteté devenue légendaire. Je n'avais aucune idée du rôle qu'il avait joué, de la part qu'il avait prise à la formation de notre langue, de l'influence qu'il avait exercée sur les lettrés de son époque. J'aurais voulu que le temps me fût donné d'approfondir davantage cette vie si bien remplie, si pleine d'enseignements ; car je pense plus que jamais, que nous avons dans Olivier Patru un ancêtre dont nous pouvons être fiers. J'ai dû quelquefois critiquer l'auteur. L'homme et l'avocat

---

(2) **Allusion aux ambassades de Pomponne.**

peuvent défier toute censure: il faut s'incliner avec
respect devant ce parfait modèle de toutes les vertus professionnelles. Patru a poussé le désinté
ressement jusqu'au dédain de la fortune, et le soin
de ses procès jusqu'au scrupule. Choisissant ses
causes, il voulait que sa présence à la barre fût le
premier et le meilleur de ses moyens. Plein de respect pour les magistrats, il gardait avec eux cette
liberté mesurée qui assure l'estime. Malgré l'éclat
de ses premiers succès, il ne se crut pas dispensé
du travail quotidien, parce qu'il avait conquis du
premier coup une réputation inespérée. Il vécut
simplement, et telle fut l'austérité de sa conduite
que la malignité de ses contemporains n'y put
trouver place à la calomnie. Dans le monde, il
sut tenir avec modestie le rang que lui donnèrent
ses succès, et exercer avec sagesse l'espèce de
royauté littéraire que son bon sens lui valut.
N'avais-je pas raison de vous le proposer comme
exemple?

Quelque jugement qu'on puisse porter sur son
œuvre, ni ses plaidoyers ne sauraient revivre, ni
son nom ne saurait périr. C'est le sort des talents
qui fleurissent dans les époques de transition. La
nature, dans les lettres comme ailleurs, ne pro-
cède pas par sauts et par bonds, et il faut du temps
pour que le terrain préparé puisse porter ses fruits.
Il faut aussi un concours de circonstances que le
talent le plus incontestable ne rencontre pas toujours. C'est ainsi qu'en France, l'éloquence judiciaire ne devait se développer qu'après nos révo-

lutions politiques. Ne cherchons donc pas dans Patru ce que nous n'y trouverions pas. Cherchons surtout en lui le spectacle fortifiant de l'homme de cœur, de l'avocat qui honora sa profession. Pour nous, faire son devoir est quelque chose de plus qu'être un grand génie. Donc, Messieurs, relisons quelquefois Patru, et surtout vivons comme lui.

Lyon. — Impr. P. Mougin-Rusand, rue Stella, 3.